AF302647

LE BENCHMARKING

S'inspirer des plus grands pour évoluer

Par Antoine Delers
Sous la direction de Brigitte Feys

50MINUTES.fr

LE BENCHMARKING

- **Dénominations ?** Benchmarking, parangonnage, étalonnage, analyse comparative.
- **Usages ?** Principalement utilisé en entreprise, bien que l'on observe de plus en plus de cas dans les secteurs hospitaliers et au sein des Services publics, le benchmarking est, de par sa nature, transposable à l'ensemble des départements d'une société, de l'informatique au service clientèle en passant par le département d'après-vente.
- **Raisons de son efficacité ?** Ce type de stratégie permet de diminuer les risques liés au développement et à l'innovation, car une organisation peut s'approprier les pratiques, développées par d'autres, déjà couronnées de succès.
- **Mots-clés ?**
  - <u>Analyse comparative</u> : évaluation d'un outil, d'une procédure ou encore d'une société en vue de la comparer avec d'autres évaluations.

- <u>Benchmark</u> : étalon, repère à partir duquel un indicateur de performance peut être mesuré.
- *Best practices* : pratiques et procédures exemplaires observées dans une société particulière.
- <u>Concurrent</u> : personne ou groupement qui rivalise avec d'autres dans un même secteur.
- <u>Indicateur de performance</u> : mesure résultant d'une évaluation d'une procédure.
- <u>Marché</u> : au sens strict, ensemble d'entreprises, de clients, de fournisseurs qui peuvent se regrouper ou non sous une même activité ; au sens large, les produits, les matières premières, ainsi que les tiers qui interagissent avec le marché.
- <u>Positionnement</u> : position occupée par un produit ou une entreprise (culture, valeur) dans un marché, définie par rapport à d'autres concurrents.
- *Reengineering* : réorganisation d'une procédure ou d'un produit dans le but de l'améliorer.
- <u>Xerox</u> : entreprise américaine de fabrication de photocopieuses et d'imprimantes, qui a utilisé le benchmarking pour se développer.

Le benchmarking est une méthode d'analyse des performances et de *reengineering*, que l'on pourrait traduire en français par « reconception des modes de fonctionnement d'une entreprise ». L'intérêt majeur d'une démarche comme celle-ci est le fait de déceler et d'étudier chez les meilleurs ce qui se fait de mieux – en matière de production, de livraison, de qualité, de choix des fournisseurs, etc. –, pour ensuite réfléchir à la manière de l'appliquer le plus efficacement possible dans sa propre organisation.

HISTORIQUE

Les origines du benchmarking remontent au VIe siècle av. J.-C., à l'époque où un général chinois, connu sous le nom de Sun Tzu (544-496 av. J.-C.), écrivit dans son ouvrage L'*Art de la guerre* : « Si tu connais ton ennemi et toi-même, tu n'auras pas à craindre le résultat de cent batailles ». Bien que l'idée d'analyser les stratégies des concurrents soit ancestrale, il faut pourtant attendre les années quatre-vingt pour voir le concept du benchmarking, au sens où nous l'entendons aujourd'hui, se développer et s'imposer dans l'univers économique moderne. Nous devons sa définition à l'entreprise Xerox qui, écrasée par la concurrence, lança à l'époque une stratégie d'étude des *best practices* – en particulier en matière de gestion des stocks, lesquels s'avéraient très coûteux – d'une de ses filiales afin de les implémenter dans sa propre entité. Cette prospection menée sur des entités extérieures permit finalement à Xerox de redresser ses activités et ses finances et de retrouver une place importante sur le marché, tandis que les performances de son fonctionnement se sont améliorées.

L'*Art de la guerre* de Sun Tzu

L'*Art de la guerre*, l'un des plus anciens ouvrages de stratégie connu au monde, expose les meilleures tactiques militaires en cas de batailles entre deux royaumes. Aujourd'hui facilement transposables à l'univers de l'entreprise, ces techniques présentent de façon générale des stratagèmes sur la prise de pouvoir, la connaissance de l'ennemi, ou encore l'étude du terrain. De nombreux auteurs ont d'ailleurs adapté les enseignements contenus dans L'*Art de la guerre* en préceptes directement applicables en entreprise dans leurs ouvrages dédiés à tous les dirigeants qui cherchent à maîtriser leur organisation et leur marché.

DÉFINITION DU MODÈLE

Le *benchmarking*, ou « parangonnage » en français, est un outil d'analyse des procédures, des statistiques, des produits et des services dans un environnement connexe – celui d'un concurrent, d'un partenaire ou d'un autre département de la même société. Son but premier est de fournir des pistes d'amélioration aux entreprises qui, après avoir effectué des analyses comparatives, voudraient comprendre pourquoi certaines organisations sont plus performantes que d'autres, et surtout comment faire pour parvenir à intégrer les stratégies efficaces des concurrents au sein de leur structure. Principalement utilisé en entreprise, il vise donc à observer, mesurer, comparer et appliquer une suite de fonctionnements qui ont déjà fait leurs preuves dans d'autres entités par le passé.

THÉORIE - PRÉSENTATION DU CONCEPT

Puisque bien connaître ses ennemis permet de remporter des batailles, comme nous le rapportait le fameux Sun Tzu, nombreux sont les dirigeants, d'armée et d'entreprise, qui ont depuis entrepris d'étudier les faiblesses et les forces de leurs adversaires afin d'améliorer leur propre stratégie.

De nos jours, il semble en effet impensable qu'une société ne s'informe pas – via une veille attentive, intense et continue – sur les stratégies et les innovations de ses concurrents pour garder, voire accroître, ses parts de marché. Les évolutions des cinquante dernières années, observées au niveau de l'offre et de la demande des produits, ont inversé le pouvoir et l'ont donné aux clients : désormais la demande précède l'offre, ce qui n'était pas le cas avant la Seconde Guerre mondiale. Il ne suffit plus de fabriquer un produit qui puisse satisfaire un groupe de consommateurs, de lancer des services peu innovants, ou encore de faire fonctionner son département marketing sans proactivité.

Pour ne pas sombrer, les entreprises doivent modifier leurs approches concurrentielles, réagir très rapidement, voire anticiper les besoins, les désirs et les attentes des clients actuels potentiels. C'est là qu'intervient utilement le benchmarking, outil opérationnel et stratégique, qui permet une amélioration continue des procédures d'une société : par exemple un meilleur service clientèle, des produits à la pointe de l'innovation ou encore une production à moindres coûts... autant de sources de valeur ajoutée pour le client.

DIFFÉRENTS TYPES DE BENCHMARKING

Les types de benchmarking

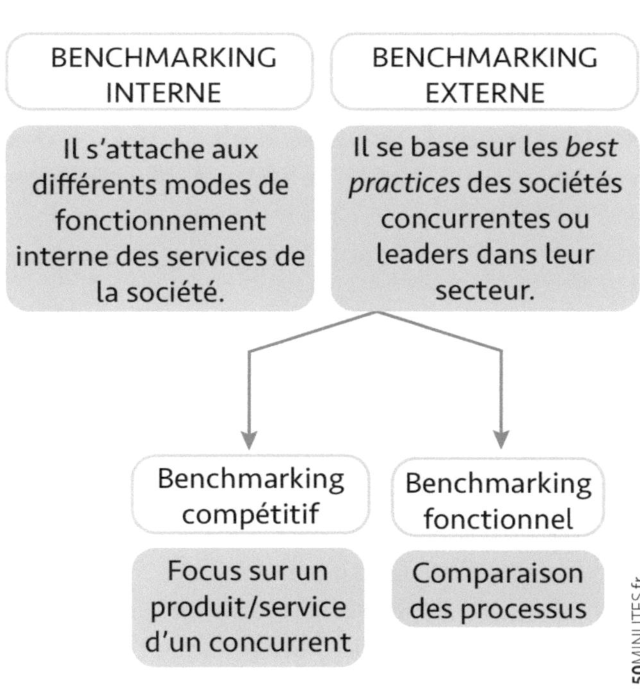

Benchmarking interne

Dans ce premier type, l'entreprise base son analyse comparative sur ses différents départements afin de recueillir les meilleures pratiques utilisées en vue de les généraliser à l'ensemble de la société. Une méthode efficace de classement des dossiers utilisée dans le service comptable sera par exemple adoptée dans le service des ressources humaines. Le retour d'expérience est, dans ce cas-ci, très important, les services pouvant se côtoyer quotidiennement.

Il s'agit de la méthode la plus facile à implémenter, car :

- les données sont accessibles presque immédiatement ;
- les ressources humaines sont disponibles pour collaborer.

Cependant, ce type de benchmarking n'apporte pas de révolution particulière puisque l'organisation est bien souvent assez homogène dans ses approches de fonctionnement : les procédures de travail sont fréquemment similaires. Cela est notamment dû à la culture d'entreprise et aux valeurs communes, mais aussi aux promotions et aux mutations internes qui répandent les idées et les bonnes pratiques dans l'entreprise.

Benchmarking externe

Ce deuxième type de benchmarking est le plus commun. Il ne se base plus sur les services d'une même compagnie, mais se donne pour objectif d'analyser les services des entreprises concurrentes et des entreprises d'autres secteurs reconnues comme étant des leaders dans le domaine étudié. Il ne fait donc aucun doute que ce type de benchmarking est porteur de valeur ajoutée, car il fournit des *best practices* parfois très différentes de celles jusqu'alors utilisées dans une entreprise.

Les principaux moyens d'obtention des informations viennent des filiales, des entreprises partenaires, des études disponibles sur Internet, des colloques ou encore des foires d'entreprise.

Benchmarking compétitif

Également appelé « benchmarking concurrentiel », ce type d'analyse comparative est élaboré à partir d'une entreprise concurrente du même secteur, dont on étudie la stratégie, les innovations de produits et de services, les coûts et délais de production, mais aussi le service commercial mis en place, dans l'optique finale de s'approcher le plus possible des exigences du client actuel et potentiel.

C'est le benchmarking le moins évident à mettre en place : l'obtention des informations pertinentes est fastidieuse et aléatoire dans la mesure où elle se rapporte régulièrement aux données générales que l'entreprise concurrente a bien voulu publier, notamment ses chiffres globaux ou encore des méthodes internes non stratégiques.

Benchmarking fonctionnel

Ce dernier type de benchmarking se base uniquement sur les procédures de la société qui, par leur nature générique, sont transposables entre des sociétés de secteurs parfois très différents. Ainsi, les entreprises sur lesquelles se portera le benchmarking fonctionnel peuvent provenir de marchés différents, pourvu qu'elles soient reconnues comme des leaders dans leur domaine. Un partenariat est souvent signé, offrant l'avantage de la facilité d'obtention des informations et du partage des *best practices.*

L'inconvénient majeur de cette méthode est le manque de concordance entre les stratégies, les cultures et les secteurs d'activités, qui peuvent entraver la mise en place d'un benchmarking efficace.

LE SAVIEZ-VOUS ?

Le manque d'informations confidentielles au sujet des concurrents n'est pas toujours problématique. Le benchmarking peut, par exemple, servir à collecter les statistiques générales des coûts et délais de production – sans se soucier de comprendre les facteurs de réussite –, dans le but de challenger ses concurrents par ses propres moyens. On appelle cela le « benchmarking non intrusif » ou encore le « benchmarking de résultat ».

APPLICATIONS EN ENTREPRISE

Aujourd'hui, les applications du benchmarking en entreprise sont presque infinies. Dès l'instant où l'on cherche à améliorer une procédure ou le fonctionnement général d'un département, nous pouvons toucher l'ensemble des services opérationnels et fonctionnels de l'organisation, y compris celui du service d'entretien des bâtiments. Ce dernier peut par exemple être optimisé en s'inspirant d'une société active et innovante dans le secteur d'entretien des bâtiments.

Exemple 1 – Amélioration du service clientèle

L'amélioration des services délivrés à la clientèle, tant en amont qu'en aval de la vente, est un des principaux objectifs du benchmarking. Un exemple parlant est celui du temps d'attente enduré par les clients lors de leur arrivée dans un hôtel. Dans ce cas-ci, sont pointés du doigt les procédures administratives et/ou le nettoyage par les équipes d'entretien. Pour contrer ce problème, les responsables peuvent par exemple décider d'utiliser le benchmarking fonctionnel, en allant étudier dans un hôpital X le fonctionnement de l'attribution des lits au service des urgences. Celui-ci, étant par définition rapide et efficace, leur servira d'exemple pour mettre en place un système performant en vue d'assurer un meilleur accueil à leurs clients, lequel peut s'avérer être un facteur-clé dans le choix d'un hôtel.

Exemple 2 – Établissement dans un autre pays

La mise en place d'une succursale dans une région éloignée s'accompagne souvent de quelques problèmes liés aux différences culturelles observées entre les clients originels et la future clientèle, mais aussi aux rapports entre les employés et la direction, ou encore entre le syndicat et les organes de gestion (direction générale et conseil d'administration).

Opérer une étude de benchmarking, de type compétitif ou fonctionnel, sur des sociétés déjà implantées sur place peut s'avérer utile pour pallier au mieux ces difficultés d'adaptation.

Exemple 3 – Amélioration des procédures administratives

Le benchmarking peut également servir à déployer des solutions innovantes au niveau des procédures administratives. Si une société doit faire face à de nombreuses tâches administratives – le secteur des administrations publiques constituant un excellent exemple –, telles que la gestion du courrier entrant et sortant, cette démarche sera particulièrement appréciée.

Autres améliorations

Outre les exemples concrets développés ci-dessus, les secteurs de contribution possible du benchmarking sont nombreux, et des analyses peuvent s'appliquer à l'ensemble des produits et des services, mais aussi à la procédure de l'organisation. Nous retenons notamment : la stratégie globale de l'entreprise, la gestion au niveau de l'innovation et du développement des produits et des services, la gestion des ressources humaines, la gestion au niveau des procédures de production et de distribution (réduction des délais et des coûts de la chaîne d'approvisionnement) et bien d'autres encore.

AVANTAGES DU BENCHMARKING

Les avantages qu'offre le benchmarking à une société sont nombreux – la recherche d'efficience étant essentielle pour assurer la pérennité de l'entreprise –, d'autant plus que les possibilités d'implémentation sont elles-mêmes presque infinies. Parmi ceux-ci, on retrouve notamment :

- **des procédures plus efficaces.** Grâce aux bonnes pratiques transmises entre les sociétés et les départements, l'ensemble des procédures peut être amélioré, pour rendre celles-ci plus efficaces, moins coûteuses et plus rapides selon les cas ;
- **des coûts de conception limités.** Avec l'utilisation du benchmarking, on ne réinvente plus les procédures, on « benchmarke » – autrement dit, on se base sur ce qui existe déjà –, ce qui permet d'investir les sommes épargnées dans d'autres projets ;
- **des procédures qui ont fait leur preuve et qui assurent la réussite.** En se basant sur des stratégies qui ont permis le succès dans d'autres sociétés, nous nous assurons qu'elles sont performantes et qu'elles permettent

d'améliorer les services concernés. Il est à noter que dans certains cas, la trop grande différence de culture et de valeurs entre deux sociétés ne le permet pas toujours ;

- **une volonté d'amélioration continue.** Peu importe la nature du benchmarking, les départements « benchmarkés » pourront à leur tour communiquer leurs *best practices*. En outre, cet exercice influence la motivation des collaborateurs qui se sentent considérés, puisque leur méthode de travail performante participe à la recherche et au soutien d'une amélioration constante de l'entreprise.
- **des faiblesses écartées dès le départ.** En analysant les procédures des uns et des autres ou encore les produits disponibles sur le marché, une société peut rapidement se rendre compte des faiblesses de chacun, et ainsi tenter d'éviter de reproduire les mêmes erreurs.

LIMITES DU MODÈLE ET EXTENSIONS

LIMITES ET CRITIQUES DU MODÈLE

Comme démontré précédemment, le benchmarking peut s'appliquer à l'ensemble des services d'une entreprise, et peut donc être utilisé par chaque manager, à tous les niveaux de la hiérarchie et dans tous les départements. Cependant, cette universalité connaît des limites non négligeables, dont notamment : le secret professionnel que tout travailleur se doit de respecter ou encore la différence de culture qui peut provoquer l'inadéquation de l'implémentation de certaines techniques du benchmark.

Copier, mais uniquement sur les meilleurs

La première limite à l'utilisation d'une méthode de benchmarking vient du choix des partenaires. Celui-ci est d'une importance capitale, car l'entreprise se lançant dans un benchmarking a tout intérêt à étudier les meilleurs, ceux qui se distinguent par l'innovation de leurs procédures ou *output* et qui ont donc fait leurs preuves sur le marché.

Copier, mais sans tricher

Par définition, le benchmarking rend compte d'une pratique de copiage sur son voisin motivée par la pertinence des bonnes pratiques de ce dernier. Cependant, la frontière entre l'espionnage industriel et le benchmarking est parfois tellement fine qu'il est souvent préférable, dans le cas de concurrents directs, de se limiter aux données publiques ou alors de se diriger vers d'autres partenaires, tels que les fournisseurs et les distributeurs.

Découvrir les bonnes pratiques concrètement applicables dans son entreprise

Toutes les méthodes ne se valent pas. De plus, il faut savoir repérer les facteurs de réussite d'une société. Si une livraison de livres est très rapide, elle ne s'expliquera pas forcément par la puissance du moteur de la camionnette de livraison ; on saluera plutôt, dans la plupart des cas, la performance de l'infrastructure logistique mise en place. Cet exemple, bien que simpliste, illustre le fait que l'analyse des procédures permet de distinguer les véritables facteurs de réussite.

Veiller aux différences de culture et de stratégie

Toutes les idées ne sont pas transposables. Une technique de motivation des employés en fonction du chiffre d'affaires fonctionnera parfaitement pour une équipe du service vente, mais sera moins efficace pour une équipe de la comptabilité. De même, un partenaire avec une vision et une stratégie complètement différentes n'offrira pas toujours un benchmarking adapté aux besoins d'une autre société. La règle démontre que, plus la procédure étudiée est différente et éloignée de celle de l'entreprise qui entame le benchmark, moins elle sera transposable. Les risques de résistance au changement, quant à eux, seront proportionnellement plus importants.

Comparer les coûts du benchmarking

Même si, notamment dans le cadre de création de produits, le benchmarking se solde par une réduction importante des coûts suite à l'utilisation de techniques ou de procédés préexistants, il ne faut pas oublier que cette méthode engendre également des coûts. Les partenariats noués, les personnes dédiées aux recherches en benchmarking, les périodes d'analyse et d'implémentation constituent un budget dont il faut tenir compte lors de la mise en place d'une telle démarche. Comme pour les autres investissements, il convient donc de réaliser un calcul prévisionnel de ROI (*Return On Investment*), qui permettra d'estimer, par exemple, le nombre de concurrents à étudier pour un échantillon représentatif des pratiques en cours.

Veiller au bien-être des employés

Repenser constamment le fonctionnement, en mobilisant les ressources nécessaires aux adaptations des procédures d'un département, peut faire grincer des dents bien des employés. De plus, la comparaison des performances, qui est l'essence même du benchmarking, peut amener les dirigeants à en demander toujours plus à leurs employés, ce qui occasionne souvent un surmenage et un stress important. S'assurer que chacun y trouve son compte, notamment via un *change management* efficace, doit donc être une des préoccupations premières des dirigeants afin de faciliter la bonne mise en place des nouvelles pratiques. Il faudra dès lors veiller à soigner la communication afin que les employés perçoivent les impacts positifs résultant de pareilles décisions – performance personnelle, du service et de l'entreprise – et restent motivés.

CHANGE MANAGEMENT OU LA CONDUITE DU CHANGEMENT

Le *change management* est une approche managériale qui se focalise principalement sur le suivi des changements à l'intérieur d'une société (communication, accompagnement psychologique, etc.). Adopté lors de profondes modifications dans une entreprise, il facilite les périodes de transition liées aux changements et accompagne les employés, afin que chacun comprenne les tenants et aboutissants d'une telle démarche.

EXTENSION ET MODÈLES CONNEXES

Depuis les années quatre-vingt, le concept de benchmarking n'a pas connu d'évolution notoire, si ce n'est l'importance que revêt désormais l'accompagnement (*change management* par exemple) presque systématique des employés en période de transition et de changement ainsi que la contribution essentielle des moyens informatiques facilitant la collecte et la diffusion des informations. De légères évolutions ont cependant été réalisées, notamment en matière de démarches à suivre lors de la conception ou de la dénomination des types de benchmarking, dont nous avons vu les plus significatifs.

La méthode Kaizen ou la philosophie de l'amélioration continue de la qualité

Une méthode connexe s'impose cependant dans de nombreuses entreprises de production ; il s'agit d'une philosophie basée sur l'amélioration continue de la qualité. Le Kaizen, du japonais [*kai*] « changement » et [*zen*] « bon », popularisé dans les années cinquante, vise à améliorer continuellement les processus de production dans une chaîne de fabrication.

> *Fais-le mieux, rends-le meilleur, améliore le même s'il n'est pas cassé, parce que si nous ne le faisons pas, nous ne pouvons pas concurrencer ceux qui le font.*
> Anonyme

TQM ou Total Quality Management

Le *Total Quality Management* – ou « gestion de la qualité totale » en français – est un concept de gestion de qualité né au Japon qui implique l'ensemble des ressources d'une chaîne de production. Chaque employé et ouvrier est dévolu au contrôle de la qualité de la production, tout au long de celle-ci, de façon continue.

L'objectif premier est de réduire les erreurs et les gaspillages, et ensuite de vérifier que tout fonctionne sur l'ensemble de la chaîne. Cette démarche peut facilement être mise en relation avec le benchmarking, car les deux s'opèrent de façon ininterrompue.

La roue de Deming PDCA

La roue de Deming « PDCA » est une méthode qui permet également d'améliorer constamment la qualité. Elle comprend quatre phases :

- *Plan* (planifier, établir des objectifs) ;
- *Do* (faire, passer à l'action, mettre en œuvre) ;
- *Check* (vérifier les résultats en les comparant avec les prévisions) ;
- *Act* (corriger et ajuster).

Ces différentes phases sont, comme le nom du modèle l'indique, à utiliser en continu au cours du déroulement des activités. Le but est de réfléchir aux améliorations possibles, de les concrétiser, de vérifier que tout fonctionne et de recommencer ensuite.

La méthode DMAIC du Six Sigma

- *Define* : définir le contenu et les objectifs de la démarche.
- *Measure* : mesurer les performances.
- *Analyze* : analyser les procédures pour détecter les problèmes.
- *Improve* : effectuer les améliorations nécessaires.

- *Control* : contrôler et ajuster.

La méthode Six Sigma est une démarche d'amélioration de la qualité et des processus de production basée sur les statistiques définies et mesurées préalablement, visant au final une réduction des défauts des produits. Le DMAIC permet d'appliquer la méthode Six Sigma dans une entreprise grâce au suivi des différentes phases, par ailleurs relativement semblables au concept précédent du PDCA.

Ces démarches sont étroitement liées au benchmarking et d'ailleurs utilisables conjointement. Le benchmarking est en effet une démarche qualité qui, rappelons-le, ne doit pas être accomplie une seule fois, mais doit continuellement aider les sociétés à réagir en vue de se maintenir au niveau du marché.

MISE EN PRATIQUE DU CONCEPT

Intéressons-nous aux différentes phases de l'implémentation d'une démarche benchmarking dans une entreprise. La littérature actuelle ne proposant pas un nombre précis d'étapes, nous avons opté pour un classement en cinq phases principales :

Les cinq phases du benchmarking

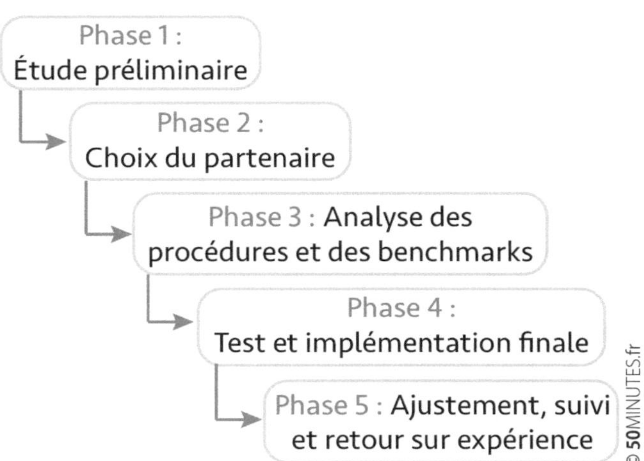

Afin de faciliter la compréhension du texte, nous abordons le concept de façon générale, son application valant pour les produits, les services ainsi que pour tous les types de benchmarking.

PHASE 1 – ÉTUDE PRÉLIMINAIRE ET PLANIFICATION

La première phase d'un projet de benchmarking est primordiale, car elle va définir les procédures analysées et allouer les ressources à mobiliser pour le projet. Cette phase comprend trois démarches :

- le choix de la procédure ;
- le choix des ressources ;
- la planification et le calcul du coût final.

Le choix de la procédure

La mise en place d'un benchmarking part souvent d'un constat initial (une menace externe ou un disfonctionnement interne) qui pousse l'entreprise à réagir.

Il peut par exemple s'agir d'une concurrence plus importante qui fait perdre des parts de marché à la société. Dans ce cas, l'entreprise doit tout mettre en œuvre pour en cerner les causes, qui peuvent résulter d'un manque d'innovations des services R&D (Recherches et Développement) ou marketing, d'une obsolescence des produits, de l'arrivée d'un nouveau concurrent ou encore du succès des produits de substitution.

Le constat initial peut également provenir d'un manque d'innovation de la gamme de produits et de services qu'il faut donc renouveler afin de les rendre à nouveau attractifs pour le client. Dans ce genre de cas de figure, la demande est souvent formulée par le département marketing qui, fort de ses études de marché, prévoit une baisse des ventes dans le futur. L'entreprise concernée préfèrera dès lors agir préventivement afin de renouveler son offre, son positionnement et sa différenciation vis-à-vis des concurrents les plus puissants.

Le besoin d'action peut aussi être motivé par un souci de rajeunissement des techniques de production qui, n'étant plus à la pointe, ne permettent pas une production de haute qualité ou à moindre coût. Cette faiblesse est une source de désavantage compétitif pour l'entreprise. Selon l'importance de la procédure ou de la gamme de produits, en termes de contribution au profit et à la performance globale de l'entreprise, cette dernière pourra décider de procéder au benchmarking d'une ou plusieurs entités différentes utilisant les mêmes méthodes ou encore de se centrer sur un service particulier de la société et y analyser l'ensemble des procédures.

Le choix des ressources

Le choix des ressources – sélectionnées en vue de créer une dynamique d' « intelligence collective », source de synergies et de partage des expertises –, en plus des services concernés par le benchmarking, est souvent une tâche qui revient au chef de projet. Dans la majeure partie des cas, une force opérationnelle, ou *task force*, est constituée de :

- **un chef de projet**, qui définit le problème et ses conséquences réelles et/ou potentielles, coordonne l'ensemble du projet, dirige les ressources dans le travail, s'occupe de la planification et du coût du projet, et assure enfin le lien direct avec le partenaire étudié ainsi qu'avec sa propre hiérarchie ;

- **des analystes**, qui étudient les procédures ou les produits à « benchmarker », et selon leur pôle d'expertise, s'attardent sur des points plus spécifiques. Un ingénieur commercial participera davantage au choix de nouveaux produits tandis qu'un analyste business s'occupera de la mise en place de nouvelles procédures ;

- **l'équipe directement concernée par le projet**, c'est-à-dire le département visé par le benchmarking : ses membres doivent bien entendu se tenir à disposition des analystes pour leur fournir toutes les informations sur les procédures actuelles et sur les problèmes rencontrés. Par ailleurs, à ce stade, leurs témoignages et leur perception des choses s'avèrent essentiels, ne fusse que pour faciliter l'application ultérieure des changements décidés ;

- **diverses personnes spécialisées**, qui peuvent intervenir selon les cas. Il peut par exemple s'agir d'un responsable de la conduite du changement, qui accompagnera les employés tout au long du projet, ou encore d'un responsable de la capitalisation des connaissances qui serviront à d'autres services.

La planification et le calcul du coût final

Enfin, la dernière étape préliminaire prévoit un calcul des coûts pour le projet. Il s'agit du budget que représentent les ressources allouées, autrement dit les différents intervenants occasionnels et permanents, mais aussi des coûts de collaboration et des coûts du changement dans les procédures. Naturellement, la difficulté d'estimation des coûts est proportionnelle à la complexité du projet en question.

Cette ultime étape vise à planifier chaque objectif tout au long du projet afin d'offrir une vision d'ensemble globale. Cette planification peut être représentée sous forme graphique, notamment via le diagramme de Gantt, dont nous verrons un exemple dans notre étude de cas.

PHASE 2 – CHOIX DU PARTENAIRE

Le choix du partenaire se fait stratégiquement. Ainsi, pour élaborer son benchmarking, une entreprise se tourne souvent vers celle qui a fait ses preuves et qui est devenue leader dans son secteur ou qui lui est comparable en termes de produits, de marchés et de ressources :

- **choix d'un partenariat avec une autre entreprise.** Bien souvent, un accord est mis en place et prévoit une durée d'échange, qui peut varier de quelques mois à plusieurs années, ainsi que les modalités de fonctionnement et les types de ressources concernés ;
- **choix d'un service interne ou encore d'une filiale de l'entreprise.** Dans ce cas, les échanges d'informations sont plus aisés et le contrat plus informel. Il peut également s'agir d'employés qui changent de services en interne et qui répandent ainsi les *best practices*. Cela simplifie par ailleurs la procédure du benchmarking ;
- **choix d'un concurrent.** Dans ce cas, l'entreprise se base sur les données publiques du concurrent, telles que des statistiques (ex. : les données Nielsen), sur des procédures mises en avant lors de congrès ou de conférences, ou encore sur des informations recueillies auprès d'intermédiaires (fournisseurs, distributeurs, etc.) et des clients.

PHASE 3 – ANALYSE DES PROCÉ-DURES ET DES BENCHMARKS

L'analyse des anciennes et des nouvelles procédures

Dans cette troisième phase, les analystes étudient les procédures internes à modifier, ainsi que les procédures du partenaire à imiter, voire à améliorer encore, afin de capitaliser sur un avantage compétitif.

- Les procédures internes sont importantes à analyser, car il faut définir sur quoi et comment les équipes travailleront. De plus, il est nécessaire de mesurer les performances actuelles afin de les comparer avec celles visées, une fois le benchmarking mis en place.
- Les procédures du partenaire sont également importantes à analyser afin de comprendre les raisons de leur réussite (les *best practices*) et de pouvoir les appliquer par après. Il ne s'agit donc pas d'une simple analyse des performances, mais bien d'une recherche en profondeur du fonctionnement de ces procédures.

La définition des benchmarks

Le benchmark est l'indicateur de performance de référence sur lequel se base l'analyse comparative du benchmarking : définir celui-ci le plus précisément possible (attribut quantifié, délai, etc.) permet de comparer les différents indicateurs en interne et chez les partenaires afin de fixer des objectifs réalistes.

Ces objectifs sont fondamentalement basés sur les attentes du client. On peut notamment obtenir – par des études de marché ou des avis de consommateurs – le prix idéal d'un produit, autrement dit, la valeur qu'ils lui reconnaissent. L'entreprise fixe alors ses objectifs (stratégies marketing, positionnement et tarification) en fonction de ce prix et des indications obtenues chez les concurrents.

PHASE 4 – TEST ET IMPLÉMENTATION FINALE

Les tests d'implémentation

Avant de lancer le benchmarking, il est utile de prévoir une période de test afin de vérifier que des améliorations peuvent être envisagées, sans pour autant gêner le fonctionnement de l'ensemble de l'entreprise.

Une première manière d'effectuer ces tests est d'organiser une simulation dans le nouvel environnement. Dans ce cas, l'ensemble du service ou seulement une partie testera les améliorations mises en place, sans conséquence en cas de problème puisque l'implémentation n'est que simulée. La seconde manière est d'essayer directement les améliorations sur une partie restreinte du département visé afin de limiter les conséquences en cas de problème.

Et finalement, la mise en place du benchmarking

Étape cruciale du projet, l'implémentation du benchmarking peut enfin se produire dans de bonnes conditions. Certains changements de procédures ou encore de nouveaux produits mis sur le marché peuvent fondamentalement transformer la vie de l'entreprise. Il faut dès lors veiller à accompagner les travailleurs durant cette période de transition (*change management*) en respectant quelques points :

- définir une « personne ressource » qui va gérer l'ensemble de la procédure de conduite du changement ;
- démarrer la procédure du haut vers le bas (*Top-Bottom*) afin d'impliquer d'abord les managers, s'assurer que ceux-ci comprennent l'importance des changements mis en œuvre et qu'ils puissent à leur tour informer leurs employés et les motiver ;
- communiquer tout au long du projet, car de profonds changements peuvent rendre la visibilité à court et moyen terme très floue, ce qui pourrait avoir comme effet de perturber les employés. Procéder à une communication efficace, transparente et régulière au sein de la société permet de pallier ces problèmes.

PHASE 5 – AJUSTEMENT, SUIVI ET RETOUR D'EXPÉRIENCE

Dans cette dernière étape, trois tâches sont encore à effectuer :

- **le *fine tuning*, ou les derniers ajustements nécessaires au bon fonctionnement des procédures.** Il peut s'agir, par exemple, de corrections sur un nouveau produit ou l'engagement d'une personne supplémentaire dans la nouvelle chaîne de production ;

- **le suivi des indicateurs prédéfinis.** Il est en effet primordial de mesurer les évolutions subies dans la société, et de les comparer aux benchmarks, c'est-à-dire aux indicateurs de performance prévus à la phase 3 ;
- **le retour d'expérience.** Il assure de capitaliser les nouvelles connaissances afin de pouvoir les reproduire de façon efficiente (plus rapidement et à moindre coût) dans le futur. À cette fin, se développe de plus en plus le *knowledge management.*

KNOWLEDGE MANAGEMENT

Le *knowledge management*, ou « gestion des connaissances » en français, est un outil de collecte, de mise en commun, d'archivage, de diffusion et d'actualisation des connaissances à l'intérieur d'une société. Les connaissances ainsi capitalisées – généralement par un outil informatique – favorisent la diffusion des *best practices* à l'intérieur d'une entreprise ou dans le cas de partenariat avec d'autres sociétés désirant concevoir des pôles de compétences afin de partager les recherches.

ÉTUDE DE CAS – AUTOMATIC

Problématique

Le constructeur de voitures AutoMatic possède des clients principalement européens, mais détient également des parts de marché en Asie et en Amérique du Sud. Bien que satisfait de ses ventes sur les autres continents, il souhaite pourtant se centrer sur son marché principal, l'Europe. AutoMatic produit actuellement la majeure partie des composants de ses véhicules en Europe de l'Est, alors que le reste l'est en Asie, principalement des pièces à usinage standardisé valables pour la plupart des modèles.

Ce constructeur connaît déjà sa clientèle et ses exigences : des familles de la classe moyenne et des célibataires souhaitant une voiture simple, fonctionnelle, et surtout bon marché. Le produit est donc basique et disponible avec peu de per-sonnalisation, mais en contrepartie, le client ne souhaite pas attendre de longs mois pour obtenir son véhicule une fois la commande passée.

En fonction des exigences de la clientèle et de la stratégie globale d'AutoMatic, le responsable du projet de benchmarking s'est donné pour objectif d'optimiser trois procédures :

- procédure 1 – Durée de production d'un véhicule ;
- procédure 2 – Durée de livraison (moment entre la fin de la fabrication et la livraison effective) ;
- procédure 3 – Coût de production de la voiture.

Après avoir personnellement choisi son équipe d'ingénieurs allant travailler sur le projet, le chef de projet peut s'attaquer à la première grande étape : la planification.

Planification du benchmarking

La planification va permettre au chef de projet d'avoir une vue d'ensemble des activités en cours et à venir sur l'implémentation du benchmarking. Pour cela, le diagramme de Gantt s'impose naturellement. Il s'agit d'un des outils les plus utilisés en gestion de projet.

Le diagramme de Gantt

Inventé en 1917 par l'ingénieur américain Henry Gantt (1861-1919), le diagramme de Gantt permet d'articuler les différentes étapes d'un projet. Il présente à la fois une vision globale ainsi qu'une vue détaillée de l'avancement de celui-ci. De nombreux logiciels permettent sa réalisation, le plus connu étant Microsoft Project.

Le diagramme de Gantt

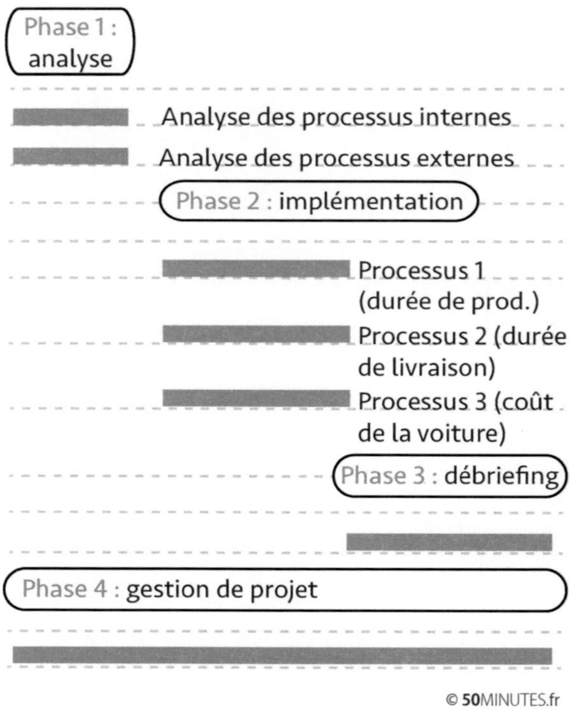

Les blocs rouges représentent les différentes activités faisant partie des phases. Leur position et leur longueur sont, quant à elles, des indications de temps et de durée. Ces dernières sont uniquement présentes à titre d'exemple.

Choix du partenaire

Le choix des partenaires d'AutoMatic est un choix stratégique qui va lui permettre de mieux utiliser la méthode du benchmarking.

- **Afin de limiter le temps de fabrication,** il s'inspire de la conception des avions de ligne, qui nécessitent une organisation rigoureuse et un travail à la chaîne effectué en *Just-In-Time* (« juste à temps »). À l'exemple des constructeurs aéronautiques, qui gèrent pléthore de pièces différentes et qui sont donc excellents en fabrication, AutoMatic décide notamment de généraliser la pratique du *Just-In-Time*. Désormais, il faudra amener chaque pièce au bon endroit et au bon moment pour ainsi éviter les arrêts de production par manque de matières premières.
- **Afin de limiter le temps de livraison,** le chef de projet s'inspire cette fois-ci de la livraison de livres effectuée par les géants de la distribution. Ceux-ci utilisent des applications performantes de logistique ainsi que des centres de livraison stratégiquement placés sur leur territoire. AutoMatic applique cette méthode en lançant de manière similaire un nouveau

centre logistique au cœur de l'Europe afin de desservir ses clients au plus vite.

- **Enfin, pour aligner leurs prix sur ceux de leurs principaux concurrents,** le chef de produit s'inspire de la production de voitures en Inde, pays notamment reconnu pour son expertise en matière de conception de véhicules simples et économiques. Une des améliorations choisies par AutoMatic provenant de l'expertise indienne consiste à limiter les équipements de base fournis à l'achat, et à procéder à une épuration du style intérieur et extérieur du véhicule.

Analyse des procédures et des benchmarks

Une fois le planning établi, le chef de projet peut entamer la troisième phase : l'analyse des procédures. Pour cela, il réalise deux analyses (interne et externe à l'entreprise) des procédures afin de les comparer ensemble. Il choisit de s'intéresser à trois indicateurs de performance :

- le temps de production d'un véhicule (jours) ;
- le temps de livraison (jours) ;
- le prix (euros).

Pour obtenir le benchmark (indicateur de performance de référence), le chef de projet compare les mesures de ses concurrents et en fait une moyenne arithmétique. Voici le résultat de ses recherches :

Tableau des performances attendues

Indices Processus	Indices de performance		
	Internes	Benchmarks	Attendus
P. 1 : durée de production	30	25	≤ 25
P. 2 : durée de livraison	10	3	≤ 3
P. 3 : prix d'achat du véhicule	10 000	8 000	8 000

La première colonne rend compte des trois procédures à améliorer par le benchmark, tandis que les deux premières lignes présentent les indices de performance : l'indice actuel, dénommé « Interne », l'indice de marché basé sur la moyenne des concurrents, noté « Benchmark », et enfin l'indice attendu après le benchmarking, désigné par le terme « Attendu ».

À la lecture du tableau, on observe que les performances des concurrents sont supérieures à celles d'AutoMatic, tant au niveau de la durée qu'à celui du prix d'achat du véhicule. Par exemple, les concurrents arrivent en moyenne à livrer une voiture en trois jours, alors qu'AutoMatic en met dix. Une réorganisation des ressources s'impose donc, afin d'arriver au niveau de la moyenne des concurrents, d'où l'intérêt du benchmarking.

Implémentation finale

Pour remédier à ces manques de performance, le chef de projet décide d'utiliser un benchmarking de type fonctionnel, en allant chercher, comme nous l'avons vu dans le choix des partenaires, les meilleures pratiques du marché.

En prenant comme exemples un constructeur aéronautique pour la fabrication de ses véhicules, un géant de la vente à distance pour la livraison et finalement un constructeur d'automobiles indien pour le coût de fabrication, AutoMatic a réussi à améliorer ses performances dans chacune des procédures visées.

Tableau des performances fictives

Indices Processus	Indices de performance			
	Internes	Bench-marks	Attendus	Réalisés
P. 1 : durée de production	30	25	≤ 25	27
P. 2 : durée de livraison	10	3	≤ 3	3
P. 3 : prix d'achat du véhicule	10 000	8 000	8 000	7 000

Débriefing et retour d'expérience

La dernière phase de son projet consiste à analyser les résultats pour en dégager les conclusions : la société examine alors les nouvelles performances atteintes par sa chaîne de production et entame le retour d'expérience. Elle ne doit pas oublier qu'il est peu probable qu'une société devienne la meilleure à tous les niveaux (indicateurs), même si elle peut espérer s'en approcher.

Enfin, le responsable du projet ne doit pas négliger les points suivants, sans quoi la démarche ne peut être une véritable réussite :

- **le suivi du projet.** Il ne sert à rien d'effectuer une démarche de benchmarking pour l'arrêter ensuite. Le benchmarking est, en effet, une démarche d'amélioration continue, toute société qui l'entreprend doit constamment veiller à améliorer ses procédures et ses produits pour rester compétitive ;
- **le *change management.*** Tout changement important dans une société implique de plus petits changements dans le travail de tous les jours. AutoMatic doit donc s'assurer d'une conduite du changement accessible à tous les employés concernés en en précisant le sens et la valeur ajoutée pour chacun (de l'individu à l'entreprise) ;
- **le *knowledge management*.** Afin de pérenniser les connaissances acquises, il est primordial de favoriser l'archivage des nouvelles méthodes. La capitalisation des connaissances permet ainsi de les mettre en commun et les diffuser à l'intérieur de la société.

EN RÉSUMÉ

- Le benchmarking est une technique d'amélioration des procédures basée sur l'analyse et la comparaison des procédures existantes. Appliquée au monde de l'entreprise par Xerox à la fin des années soixante-dix, cette technique est aujourd'hui utilisée par la plupart des sociétés.

- Il existe différents types de benchmarking, classés selon la provenance d'informations et les finalités poursuivies. Le benchmarking interne apporte des informations sur le fonctionnement d'autres départements de la société, tandis que le benchmarking externe se base sur les concurrents et les autres sociétés leader de leur secteur.

- Vu le caractère générique de la méthode, les applications du benchmarking sont nombreuses en entreprise. Elles peuvent toucher la quasi-totalité des départements et des services et cela à chaque niveau hiérarchique. La motivation, et dès lors l'implication des ressources humaines, sont une des clés de réussite du benchmarking.

- L'accroissement de la compétitivité et l'internationalisation des marchés obligent les entreprises à une recherche continue d'efficience. Le benchmarking doit non seulement pousser les entreprises à s'améliorer, mais également leur demander de se remettre continuellement en question.

- Les avantages sont également très nombreux. Le benchmarking permet en effet de limiter les coûts de recherche et de développement en évitant de tout concevoir depuis le début, de rattraper le retard sur les concurrents en les imitant, d'améliorer les procédures internes en en utilisant de nouvelles qui ont déjà prouvé leur efficacité, ou encore de proposer des produits et des services à la pointe de la technologie.

- Cette méthode connaît ses limites, aussi une société qui lance un benchmarking doit veiller à la concordance des nouvelles techniques avec ses départements internes, veiller au bien-être des employés en s'assurant de leur compréhension et de leur acceptation des changements, et enfin éviter de tomber dans l'espionnage industriel.

- Le choix des ressources humaines relève d'une importance majeure pour la réussite d'un projet de benchmarking. Pour une question d'efficacité et de crédibilité, il est non seulement primordial de confier cette tâche à des personnes expérimentées et aux talents complémentaires, mais aussi de pratiquer ce qu'on appelle « l'intelligence collective ».
- Le modèle *Total Quality Management* peut compléter la méthode en impliquant chaque employé dans l'amélioration qualitative d'un service. Il permet d'obtenir au final une qualité proche du zéro défaut.
- Finalement, le benchmarking s'applique comme un projet traditionnel : les étapes importantes étant l'étude préliminaire, le choix du partenaire d'innovations, l'analyse des procédures internes et externes, l'implémentation des nouvelles méthodes, le suivi et les ajustements de celles-ci, et enfin le retour d'expérience, aussi appelé *knowledge management*.

Votre avis nous intéresse !
Laissez un commentaire sur le site de votre
librairie en ligne et partagez vos coups de cœur sur
les réseaux sociaux !

POUR ALLER PLUS LOIN

SOURCES BIBLIOGRAPHIQUES

- ABBOT (Thomas H.), « Du benchmarking logistique au choix d'une nouvelle stratégie d'organisation », in *Logistique-Management*, 1997, consulté le 19 décembre 2014.
http://www.logistique-management.com/document/pdf/article/5_1_76.pdf

- BRUNO (Isabelle), *Benchmarking. L'état sous pression statistique*, Paris, La Découverte, 2013.

- CHAPMAN (Alan), « Change Management », in *Business Balls*, consulté le 19 décembre 2014.
http://www.businessballs.com/changemanagement.htm

- COLLIE (Sarah L.), *Benchmarking in Higher Education*, Université de Virginie, consulté le 19 décembre 2014.
http://www.virginia.edu/processsimplification/resources/Benchmarking%20Nov%20%203.pdf

- COSTA (Nathalie), *Veille et benchmarking*, Paris, Ellipses Marketing, 2008.

- FERNANDEZ (Alain), « Le TQM et la qualité totale », in *Piloter la performance*, consulté le 19 décembre 2014.
  http://www.piloter.org/qualite/tqm-qualite-to-tale.htm

- OFFICE QUÉBÉCOIS DE LA LANGUE FRANÇAISE, « Étalonnage », 2006, consulté le 19 décembre 2014.
  http://gdt.oqlf.gouv.qc.ca/ficheOqlf.aspx?Id_Fiche=8871077

- PICHÉ (Pierre), « 14 approches d'amélioration continue », in *Quotient Lean Management*, consulté le 19 décembre 2014.
  http://www.quotientmanagement.com/14-approches-d%E2%80%99amelioration-continue/

- REH (F. John), « How to Use Benchmarking in Business », in *About.com*, consulté le 19 décembre 2014.
  http://management.about.com/cs/benchmarking/a/Benchmarking.htm

- SOPARNOT (Richard), *Le management du changement*, Paris, Albin Michel, 2010.

- VAISMAN (Olivier), « Le benchmarking ou étalonnage concurrentiel », in *Ovaisman Online*, consulté le 19 décembre 2014.
  http://ovaisman.online.fr/dossiers/Dossier-Benchmarking-internet.pdf

SOURCES COMPLÉMENTAIRES

- ACHARD (Pierre) et HERMEL (Laurent), *Le benchmarking, La Plaine Saint-Denis*, Afnor Éditions, 2010.

- GAUTRON (Jacques), *Le guide du benchmarking*, Paris, Éditions Eyrolles, 2003.

- MEYER (Florent A.), *Pratiques de benchmarking. Créer collectivement du sens à partir du succès d'autres organisations*, Paris, Lexitis Éditions, 2010.

- « The Benchmarking Exchange », in *Benchnet*, consulté le 19 décembre 2014. http://www.benchnet.com/

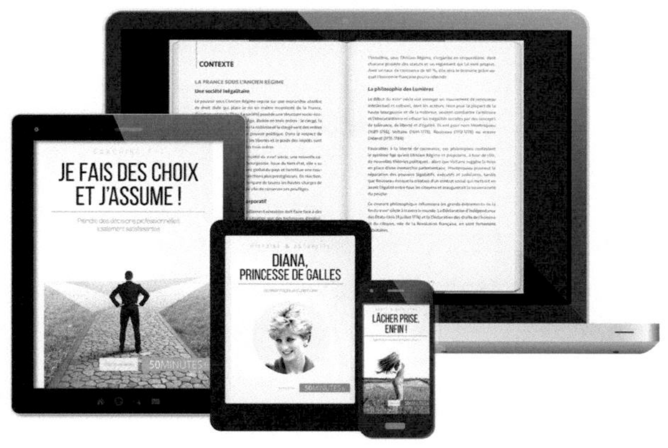

ISBN ebook : 978-2-8062-6248-6
ISBN papier : 978-2-8062-6249-3
Dépôt légal : D/2015/12603/113
Couverture : © Primento

Conception numérique : Primento, le partenaire numérique des éditeurs